VENTE DES VENDREDI 26 ET SAMEDI 27 AVRIL 1901

HOTEL DROUOT, SALLE N° 11

A DEUX HEURES ET DEMIE

OBJETS D'ART

ET D'AMEUBLEMENT

DES XVIIe ET XVIIIe SIÈCLES

PROVENANT

Du Château de la Poissonnière (Loir-et-Cher)

CÉRAMIQUE — BRONZES — MEUBLES

Manuscrits gothiques

AQUARELLES ET DESSINS MODERNES

PEINTURES DES XVIe ET XVIIe SIÈCLES

EXPOSITION PUBLIQUE

Le Jeudi 25 Avril 1901

DE 1 HEURE ET DEMIE A 5 HEURES ET DEMIE

COMMISSAIRE-PRISEUR	EXPERT
Me DELVIGNE	M. B. LASQUIN
36, rue Lafayette	12, rue Laffitte

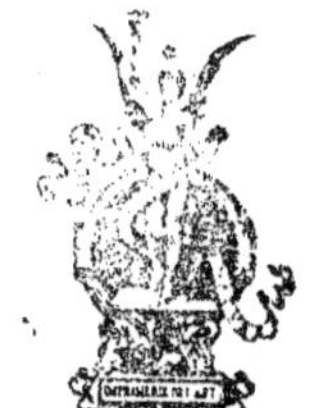

CATALOGUE

DES

OBJETS D'ART

ET D'AMEUBLEMENT

DES XVIIe ET XVIIIe SIÈCLES

Provenant du Château de la Poissonnière

(ANCIENNE HABITATION DU POÈTE RONSARD)

PORCELAINES ANCIENNES DE SÈVRES, DE SAXE ET DE CHINE

Faïences de Delft et autres

MANUSCRITS DU XVe SIÈCLE, OBJETS VARIÉS, ÉTAINS

BRONZES D'AMEUBLEMENT

PENDULES, GIRANDOLES, APPLIQUES LOUIS XIV, LOUIS XV ET LOUIS XVI

MEUBLES DU XVIIIe SIÈCLE

EN MARQUETERIE GARNIS DE BRONZES, SIÈGES, MEUBLES LOUIS XIII, EN BOIS SCULPTÉ

Aquarelles et Dessins modernes

PAR

CICÉRI, COUTURE, DECAMPS, GAVARNI, HERVIER, CH. HOGUET, E. ISABEY

VERBOECKHOVEN, H. VERNET, ZIEM

QUELQUES TABLEAUX DES XVIe ET XVIIe SIÈCLES

DONT LA VENTE AURA LIEU

HOTEL DROUOT, SALLE N° 11

Les Vendredi 26 et Samedi 27 Avril 1901

à deux heures et demie

COMMISSAIRE-PRISEUR

Me DELVIGNE

36, rue Lafayette

EXPERT

M. B. LASQUIN

12, rue Laffitte

Chez lesquels on trouve le présent Catalogue

EXPOSITION PUBLIQUE

Le Jeudi 25 Avril 1901, de 1 heure 1/2 à 5 heures 1/2

CONDITIONS DE LA VENTE

Elle sera faite au comptant.

Les acquéreurs paieront *dix pour cent* en sus des adjudications.

L'exposition mettant le public à même de se rendre compte de l'état et de la nature des objets, il ne sera admis aucune réclamation une fois l'adjudication prononcée.

Paris. — Imp. de l'Art, E. MOREAU et Cie, 41, rue de la Victoire.

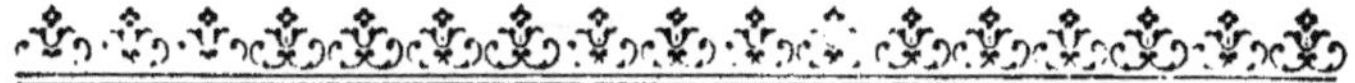

DÉSIGNATION

PEINTURES

ÉCOLE FLAMANDE (XVIe siècle)

1 — *La Nativité et l'Adoration de Rois Mages.*

Triptyque dans un bon état de conservation.

ÉCOLE HOLLANDAISE (Attribué à Mieris)

2 — *Portrait de Jeune Femme en Diane chasseresse.*

Peinture sur panneau.

ÉCOLE DE RUBENS

3 — *L'Adoration des Mages.*

Peinture sur panneau.

NETSCHER (Gaspard)

4 — *Portrait d'Enfant en buste.*

Peinture sur panneau, de forme ovale.

PANINI (Attribué à)

5 — *Ruines avec figures.*

Trois peintures en hauteur.

AQUARELLES ET DESSINS

BOULANGER (Élise)

6 — *Italienne dans un paysage.*

Aquarelle.

CICERI (Eug.)

7 — *Laveuses dans un paysage.*

Jolie aquarelle signée et datée de 48.

CICERI (Eugène)

8 — *Paysage du Midi avec pont sur une rivière.*

Aquarelle.

CHIRY (L.)

9 — *Cheval percheron.*

Aquarelle.

COUTURE

10 — *Les Romains de la décadence.*

Important dessin, étude pour le tableau du musée du Luxembourg.

COUTURE

11 — *Portrait de George Sand, en buste.*

Dessin, rehaussé de blanc.

DECAMPS

12 — *Cheval de trait à l'écurie.*

Dessin à la sépia. Signé à gauche.

ÉCOLE FRANÇAISE (XVIIIe siècle)

13 — *Bacchante.*

Dessin au crayon et à l'estompe.

FLERS (1848)

14 — *Les Falaises.*

Dessin, rehaussé de blanc.

FORT (Th.)

15 — *Carabiniers.*

Aquarelle.

GAVARNI

16 — *Deux Pierrots.*

Aquarelle gouachée.
Signée au bas, à gauche.

GÉNIOL (A.)

17 — *Bouquetières.*

Deux gouaches.

GILBERT (1818)

18 — *Combat entre la corvette* l'Égérie *et le brick anglais* le Pilote *le 17 juin 1815.*

Dessin au lavis d'encre de Chine.

GIROUX (ACHILLE)

19 — *Un Jockey.*

Aquarelle.

HÉROULT

20 — *Bateaux de pêche.*

Aquarelle.

HERVIER

21 — *Un Coin de marché.*

Aquarelle.

HOGUET (CH.)

22 — *Bateau de pêche échoué.*

Aquarelle signée à droite.

ISABEY

23 — *Maisons de pêcheurs.*

Dessin à la mine de plomb signé à droite.

MARVY (Louis)

24 — *Chevaux à l'abreuvoir.*

Dessin.

25 — *Le Pêcheur à la ligne.*

Dessin.

SEIGNENAGENS

26 — *Cavaliers.*

Deux aquarelles.

TESSON

27 — *Intérieur normand.*

Aquarelle gouachée.

VERBOECKOVEN (Eugène)

28 — *Ane et deux moutons.*

Dessin signé au revers et daté 1845.

VERNET (Horace)

29 — *Un Volontaire.*

Dessin au crayon.

ZIEM

30 — *Navires près de Venise.*

Belle aquarelle signée à droite.

ÉCOLE FRANÇAISE (XVIIIe siècle)

31 — *Femme, à demi-nue, assise.*

Dessin au crayon, rehaussé de blanc sur papier bleuté. Cadre Louis XIII en bois sculpté.

C. L.

32 — *Vaches dans un bois.*

Pastel.

R. P.

33 — *Singes artistes.*

Deux dessins.

X

34 — *La Grand'maman.*

Dessin rehaussé.

35 — *Tête de mousquetaire.*

Pastel.

36 — *Forteresse dans les montagnes.*

Petite aquarelle.

MANUSCRITS

37 — Manuscrit français du XVe siècle : livre d'heures, contenant quatorze miniatures, sujets de la vie du Christ, avec marges d'ornements et de petits sujets entremêlés d'animaux, ainsi que de très nombreuses lettres majuscules ornées.

38 — Très petit manuscrit français de la fin du XVe siècle : livre d'heures contenant quinze miniatures avec pages en regard ornées d'encadrements et très nombreuses lettres majuscules.

39 — Livre de prière du XVIe siècle, imprimé sur vélin avec encadrements de pages et nombreux sujets rehaussés en couleur et or.

OBJETS DIVERS

40 — Deux petits flambeaux, de l'époque Louis XIV, en argent gravé : à tige balustre et à base exagonale à moulures.

41 — Petite boîte rectangulaire, en ancien émail de Saxe, décorée de paysages. Étui en chagrin.

42 — Petite croix en buis sculpté à jour, de travail gréco-russe.

43 — Boite ronde en ivoire sculpté.

44-45 — Hallebarde et une pertuisane en fer gravé du XVI siècle.

PORCELAINES DE SÈVRES

ET AUTRES

46 — Deux porte-huiliers, en ancienne porcelaine tendre de Sèvres, décorés de bouquets de fleurs réservés sur un fond gros bleu vermiculé or. Décor de *Niquet*, année 1762.

47 — Six assiettes, en ancienne porcelaine tendre de Chantilly, décor bleu, bordure gaufrée.

48 — Vingt-sept assiettes, en ancienne porcelaine blanche de Sèvres, à marli gaufré à fleurs et ornements avec bordure dorée.

49 — Dix-neuf assiettes, en porcelaine de Sèvres, à filet bleu, bordure gaufrée à hachures et dorée.

50 — Deux petits vases en porcelaine tendre de Sèvres, décorée de fleurs, ornés d'une monture à deux anses en bronze doré.

51 — Petit sucrier, couvercle et soucoupe en porcelaine tendre, décorée de médaillons d'oiseaux réservés sur fond turquoise.

52 — Deux petits vases à couvercles, en porcelaine tendre bleu-turquoise, à médaillons de figures pastorales. Ils sont montés en cassolettes en bronze doré.

53 — Deux compotiers en vieux Sèvres, pâte tendre, décor feuilles de choux et bouquets de fleurs.

54 — Corbeille ronde ajourée, en porcelaine Barbeau.

55 — Service en porcelaine Barbeau, environ soixante pièces : assiettes, saucière, sucriers, compotier coquille et saladier.

56 — Un petit sucrier, en porcelaine blanche de Saint-Cloud, avec fleurs en relief.

57 — Cinq compotiers et onze assiettes en porcelaine Louis XVI, à décor de fleurs, un sucrier ovale adhérent sur plateau.

58 — Trois compotiers coquilles de même porcelaine, à décors de fleurettes et roses.

59 — Un saladier en porcelaine, à la reine.

60 — Écuelle et plateau en porcelaine blanche.

61 — Saladier carré en porcelaine de Locré.

PORCELAINES DE SAXE

63 — Paire de chevaux de trait en ancienne porcelaine de Saxe.

64 — Vase dit pot-pourri en porcelaine de Saxe, à décor de branches de feuillages et fleurs, peints et en relief. Il est garni de deux anses et supporte deux petites figurines d'homme et de femme debout sur des ornements rocailles.

65 — Statuette de berger jouant de la cornemuse accompagné d'un mouton et d'un chien en vieux Saxe.

66 — Deux groupes de deux enfants en Saxe Marcolini : la Bergère couronnée de fleurs, et la cage aux oiseaux.

67 — Figurine d'enfant, portant un vase, en porcelaine de Saxe.

68 — Quatre grands plats ronds et dix assiettes, en ancienne porcelaine de Saxe, à décor de style coréen composé de haies, oiseaux voltigeant et écureuils; bordure gaufrée en vannerie.

69 — Sucrier ovale adhérent sur plateau, en porcelaine de Saxe, à décor de fleurs.

70 — Plat long, en vieux Saxe; bordure vannerie et décor de bouquets de fleurs.

71 — Plat rond, en vieux Saxe; décor de myosotis, et bouquets de fleurs.

72 — Soupière ronde, en vieux Saxe; à décor d'oiseaux et d'insectes; le couvercle surmonté d'une figurine assise.

73 — Seize assiettes, en porcelaine de Berlin, à décor de fleurs à bordure ajourée.

74 — Deux tasses et soucoupes en vieux Saxe: décor d'oiseaux.

75 — Broc en faïence allemande décoré d'une ancre surmontée d'une couronne.

PORCELAINES DE CHINE
ET DU JAPON

76 — Deux poules-couveuses portant chacune un poussin, en vieux Chine: décor en couleur et or: sur socles imitant le bambou.

77 — Neuf assiettes diverses, en vieux Chine et Japon.

78 — Un plat en vieux Chine, décor bleu avec marque.

79 — Un sucrier et une théière en vieux Japon, décor bleu, rouge et or.

80 — Pot à eau en ancienne porcelaine de Chine de la compagnie des Indes, décor de fleurs en couleurs; monture du couvercle en argent.

81 — Deux flacons en vieux Japon, de belle qualité; la panse à fond bleu uni, le goulot avec bourrelet est décoré d'un réseau et de réserves en bleu sur fond blanc.

82 — Deux petites potiches en vieux Japon, décor d'arbustes fleuris en bleu sur fond doré et surdécoré. Monture, genre Louis XV, en bronze doré.

83 — Coupe couverte en vieux Japon, décorée de branches et de vases de fleurs en bleu, rouge et or. Elle est montée en cassolette de style Louis XV, en bronze doré.

84 — Deux potiches couvertes en vieux Japon, décorées de trois compartiments à vases de fleurs en bleu, rouge et or. Elles sont garnies de montures à socle et gorge en bronze doré.

85 — Potiche, de forme octogonale, en vieux Japon; à décor en bleu, rouge et or, de figures dans des paysages et réserves de fleurs. Socle et gorge en bronze doré.

86 — Deux potiches et deux cornets en ancienne porcelaine de Chine, fond rose à réserves de fleurs en émaux de couleur. Ils sont garnis de montures en bronze doré, style Louis XV.

87 — Potiche en vieux Chine, décorée de coqs, lambrequins et fleurs en émaux de couleurs. (Montée en lampe Carcel.)

88 — Deux candélabres, à cinq lumières, en bronze doré, montés sur des bouteilles en porcelaine de Chine, fond jaune impérial, décorées de chimères et de flammes.

89 — Vase-balustre en ancienne porcelaine de Chine de la Compagnie des Indes; décor à mandarins en couleur et or.

FAIENCES

90 — Sucrier à couvercle en ancienne faïence de Delft, décor en bleu rouge et or, de style japonais, à six compartiments de paysages, pagodes et figures.

91 — Deux assiettes, faïence de Delft, decor bleu.

92 — Petite théière, en ancienne faïence de Delft, à panse lenticulaire, décor en bleu rouge et vert, à tiges de fleurs en relief sur les côtés, lambrequins et fleurs peints sur fond bleu.

93 — Plat octogone en vieux Rouen, décor polychrome à corbeille au centre, guirlandes et lambrequins au marli et sur la chute.

94 — Deux plats ronds en ancienne faïence de Delft, décor polychrome : au fond : Adam et Ève; bordure à six réserves d'oiseaux et de fleurs.

95 — Soupière, en faïence de Marseille, forme ovale, ornements rocailles en relief, décor de fleurs et armoiries (restaurée).

96 — Plat long, en faïence de Strasbourg, à fleurs.

97 — Fontaine en vieux Rouen, décor polychrome,

98-101 — Neuf vases de pharmacie de dimensions variées, en ancienne faïence italienne.

BRONZES ET ÉTAINS

102 — Deux belles girandoles, de l'époque Louis XVI, à quatre lumières, en bronze ciselé et doré, la base formée d'un fût cannelé orné de guirlandes de lauriers; les branches ornées de feuillage et le milieu surmonté d'un vase cassolette à têtes de béliers.

103 — Deux petits flambleaux Louis XVI, formés chacun d'une figure d'amour debout, en bronze patiné, supportant une branche de tulipe. Socle en marbre blanc avec tores de lauriers.

104 — Statuette équestre de Louis XIV, en bronze patine brune, d'après Girardon. Socle en marbre noir.

105 — Deux petites appliques Louis XV, à deux lumières composées de feuillages et d'ornements rocailles.

106 — Deux flambeaux, style Louis XVI, en bronze doré.

107 — Paire d'appliques, à deux lumières, de style Louis XVI, à tige ornée d'une tête de bélier surmontée d'un vase à guirlandes; en bronze doré.

108 — Deux flambeaux Louis XVI, en bronze ciselé et doré, à tige fuselée et cannelée.

109 — Petit flambeau de bouillotte en bronze ciselé et doré, du temps de l'Empire. Avec son éteignoir.

110 — Petit lustre flamand, à douze lumières, en cuivre.

111 — Deux flambeaux Louis XV, en bronze argenté, à tige-balustre à volutes: base à ressaut.

112 — Deux flambeaux Louis XIV, en cuivre gravé et argenté.

113 — Deux petits chenets Louis XIII, en cuivre jaune, à boules et mascarons.

114 — Deux flambeaux Empire, forme carquois, en bronze doré.

115 — Deux flambeaux Louis XV, en cuivre argenté.

116 — Soupière ronde Louis XVI en étain, à anses têtes de béliers, à guirlandes.

117 — Deux léguminiers, à deux anses en étain.

118 — Sept pièces : petits plats et assiettes en étain du XVIIIe siècle.

119 — Deux flambeaux Louis XVI en étain, à pampres et perles.

120 — Petite cuillère et une cannette en étain du XVIIIe siècle.

PENDULES

121 — Importante pendule, de l'époque Louis XVI, en marbre blanc et bronze ciselé et doré, composée d'un trophée d'armures, de boucliers, de faisceaux de licteurs et de drapeaux. Elle est surmontée d'un coq et de branches de chêne.

Le socle orné d'un mascaron, de branches de lauriers et de palmes, repose sur six pieds griffes de lions. Le cadran émaillé est au nom de *De Belle*.

122 — Pendule, de l'époque Louis XVI, en marbre blanc, et bronze ciselé et doré. Le cadran placé dans un fût, flanqué de deux consoles volutes et surmonté d'une corbeille de fruits. Le cadran est au nom de *Ageron, à Paris*.

123 — Pendule, de l'époque Louis XIV, en marqueterie de cuivre sur écaille brune, ornée de bronzes ciselés et dorés : pieds à volutes feuillagées, cariatides aux angles, vase et sphère à la partie supérieure. Au-dessous du cadran, une galerie de quatre arceaux avec petites cariatides et guirlandes.

124 — Grande pendule Louis XV et son socle de suspension, décorée au vernis Martin, à fleurs sur fond rouge, ornée de bronzes rocailles. Cadran au nom de *Gille* l'ainé, à Paris.

MEUBLES ANCIENS

125 — Belle commode, de l'époque Louis XV, portant l'estampille de P. C. TEVNE, maitre ébéniste. De forme élégante, à contours sur pieds élevés et cambrés, en bois de rose et marque-

terie. Elle offre, sur la face, un réseau de losanges avec fleurons dans des encadrements en bois de violette ; garniture de bronzes : chutes, anneaux, entrées de serrures. Dessus de marbre.

126 — Belle commode Louis XV à contours, à deux rangs de tiroirs et pieds élevés, en bois de violette et marqueterie de bois offrant, sur la face, un trophée de musique, deux tiges de fleurs ainsi que sur les côtés ; ornée de bronzes, chutes, sabots, culs-de-lampe et poignées de cuivre. Dessus de marbre.

127 — Vitrine, style Louis XV, en bois de rose, ornée de bronzes.

128 — Commode Louis XIV, forme droite, à deux rangs de tiroirs en placage de bois satiné, avec panneaux en laque de Chine ; pieds cambrés avec chutes, mascarons et dauphins en bronze doré. Les angles cannelés de cuivre.

129 — Petit bureau de dame Louis XV, en bois de couleurs marqueté en losanges.

130 — Petite table à ouvrage Louis XV, forme ronde avec porte à coulisse, trois tiroirs à l'intérieur et une tablette d'entrejambes, en bois de rose marqueté à ustensiles et filet de grecques.

131 — Commode Louis XIV, à trois rangs de tiroirs en bois de placage, garnie de bronzes et dessus de marbre.

132 — Commode Régence, forme à contours, trois rangs de tiroirs en placage de bois de violette, ornée de poignées et d'entrées de serrures en bronze doré et de cannelures de cuivre.

133 — Commode Régence à contours, trois rangs de tiroirs, en bois de placage richement ornée de bronzes dorés : chutes, poignées, entrées de serrures et culs-de-lampe : dessus de marbre.

134 — Large chiffonnier Louis XVI, à huit rangs de tiroirs, en bois de rose marqueté à filets.

135 — Toilette à coiffer, de l'époque Louis XVI, en bois satiné, marqueté à filets.

136 — Petite console Empire, en acajou, avec trois motifs de bronze doré; dessus de marbre

137 — Commode Louis XV à contours, ornée de bronze rocailles ; dessus de marbre.

138 — Petite table à ouvrage Louis XV, à trois tiroirs, en marqueterie de bois à fleurs.

139 — Coffret en bois laqué, à figures chinoises dans un paysage.

140 — Coffret à couvercle bombé en laque, incrusté de burgau.

141 — Petite commode Louis XV, à deux rangs de tiroirs, sur pieds élevés, en bois de placage garnie de bronze; dessus de marbre.

142 — Fauteuil Louis XV; garni de reps.

143 — Un écran, de style Louis XIV, en bois sculpté et doré; la feuille en soie brochée.

144 — Glace ancienne, avec bordure en bois, sculpté et doré.

145 — Quatre chaises Louis XIV, à hauts dossiers, en bois sculpté.

146 — Deux fauteuils Louis XIII, garnis de soierie bleue brochée.

147 — Deux fauteuils et deux chaises Louis XIII, garnis de reps, genre tapisserie.

148 — Quatre chaises Régence, en bois sculpté et garnies de canne.

149 — Fauteuil Louis XIV.

150 — Quatre fauteuils Louis XV, en bois sculpté et laqué blanc à deux tons, garnis de cretonne.

151 — Deux autres fauteuils de même style, mais plus grands.

152 — Buffet à deux corps, de l'époque Louis XIII, à moulures et colonnes torses.

153 — Petit buffet Louis XIII à deux corps, en noyer sculpté, à liserons et feuillages, avec portes à moulures.

154 — Table Louis XIII, à pieds torsades, reliés par un X.

155 — Devant de coffre gothique, en chêne sculpté, composé de dix panneaux à nervures et ornements en ogive.

156 — Plusieurs panneaux gothiques à pliures.

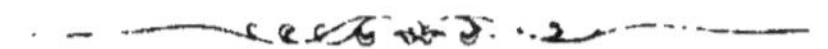

www.ingramcontent.com/pod-product-compliance
Lightning Source LLC
LaVergne TN
LVHW010258230826
846091LV00007B/3030

* 9 7 8 2 3 2 9 5 4 4 9 3 9 *